Gedanken aus dem Alltag

Gedanken aus dem Alltag

Bibliografische Information der Deutschen Nationalbibliothek:
Die Deutsche Nationalbibliothek verzeichnet diese Publikation
in der Deutschen Nationalbibliografie; detaillierte bibliografi-
sche Daten sind im Internet über http://dnb.dnb.de abrufbar.

Autorin:
Gertrud Hörr

Korrektorat:
Autorenclub Donau-Ries

Herstellung und Verlag:
BoD – Books on Demand, Norderstedt

ISBN:
9783754309117

Inhaltsverzeichnis

Durch das Jahr

Faschingszug

Der Narrenzug zieht durch die Stadt
manche seh'n sich gar nicht satt
die Narren wollen viele Themen
richtig laut aufs Korn heut nehmen.

Ungeniert wird klargemacht
was der Bürger sich gedacht
über politische Entscheidung
oder auch so manche Kleidung.

Vieles wird aufs Korn genommen
gleich die „Bösen" und die „Frommen"
erbarmungslos ist die Fasenacht
da wird kein Unterschied gemacht.

Wer sich als Faschingsnarr entscheidet
manchmal derart sich verkleidet,
man fast nicht unterscheiden kann
ob es Frau ist oder Mann.

Die einen einfach spöttisch lachen,
singen, pfeifen, Musik machen,
Andere werfen Bonbons raus
oder teilen Sprüche aus.

Doch irgendwann ist es genug
zu Ende geht der bunte Zug
das Publikum ruft wunderbar
und freut sich schon aufs nächste Jahr.

Fasching

Jetzt hoißt´s grad wieder überall
Fasching, Fastnacht, Karneval –
bei jedom Treffa sigsch halt glei
´s isch oifach wieder Narrazeit.

Ganz Kloine send mit vorna dra
oft hond´s no d´ Windelhosa a
bald mechtans bei dr Garde tanza
oder tragan a Gwand mit Indianerfranza.

Als Fliegapilz send´s unterwegs
als Zauberer oder als a Hex
als bunte Kaschperl oder gar
manche o als Prinzapaar.

Alle ziagans durch dia Dörfer
mit Waga, z Fuaß, als Bonbonwerfer
und Kinder schtont am Wegesrand
sammlan fleißig d´ Guazla zamm.

Iberall wird Musi gschpielt
luschtig danzt, ma hot grad ´z Gfühl
´s isch allerorts a bsondra Freid
mei, es isch halt Faschingszeit.

Und wer da Fasching net recht mag
deam i heit mit deane Zeila sag
denkt´s net viel, ´s got o frbei
und dann kommt mea a andra Zeit.

Frühlingserwachen

Die Tage werden wieder länger
und Zugvögel, diese niedlichen Sänger
kehren zurück aus dem Winterquartier
um gute Laune zu verbreiten hier.

Mit Gezwitscher und Geschrei
sehnen sie sich ihre Partner herbei.
Sie machen sich Mühe von morgens bis spät
im Westen die Sonne untergeht.

Zum Nestbau sammeln sie dann fleißig
Moos und Grünzeug, manchmal auch Reisig;
Ein Wunder, was diese Tierlein so tragen –
Sieht man die Teile aus den Schnäbeln ragen.

Sie sind sehr geschickt bei ihrer Arbeit
wenn nötig, auch zum Kampf bereit –
sollte ein anderer erobern den Platz
ganz egal, ob Meise, Fink oder Spatz.

Ist dann das Nest gepolstert und schön
dann kann´s ans Eierlegen gehen.
Jetzt heißt es immer das Gelege hüten
und mit Geduld meist im Wechsel brüten.

Bis irgendwann die Jungen schlüpfen
und versuchen, im Nestchen herum zu hüpfen,
die Vogeleltern müssen jetzt tapfer sein
suchen Würmer, Fliegen und Käferlein,

dass jedes Kleine genügend zu futtern hat –
man könnte meinen, die werden niemals satt.

Doch es dauert nicht lang, schon gucken sie munter
Neugierig über den Nestrand herunter.

Sie haben dann auch schon ein Federkleid schön
man kann sie bei ersten Flugübungen sehn
es dauert nicht lange, dann fliegen sie aus
und verlassen das vertraute Elternhaus.

Frühling wird es wieder

Ein Winter ist wieder zu Ende
und die Wintersonnenwende
beschert uns erfreulich längere Tage,
das ist herrlich, keine Frage.

Bäume und Sträucher werden grün
und bunt die Frühlingsboten blühn –
Schneeglöckchen, Krokusse und so weiter
stimmen unser Gemüt schnell heiter.

Auch die Weide streckt ihre Kätzchen heraus,
und die fleißigen Bienen kommen zuhauf –
rund um uns sprießt neues Leben
der Frühling will neue Kraft uns geben.

Der Frühling kommt

Der kalte Winter ist vorbei
nur Matsch ist noch und Sauerei.
Der Schneemann denkt, ich bleibe stehn
ich möchte mal den Sommer sehn.

Doch als ihn warme Sonnenstrahlen trafen
da war er müd´ und wollte schlafen,
er weinte sich die Augen aus
auch seine Nase fiel heraus.

Am nächsten Tag, da kam die Sonne wieder,
wärmte ihm den Bauch und alle Glieder,
er schwitzte und er wurde schlank,
dann stand er noch zwei Tage krank.

Weil die Sonne wieder kam,
den letzten Lebensmut ihm nahm,
war traurig der arme Tropf
und verlor auch seinen Kopf.

Als seine Schönheit wich von ihm
schmolz auch der letzte Rest dahin,
denn wenn der Frühling kommt ins Haus
ist des Schneemanns Leben aus.

Herr und Frau Fink

Der Herr und die Frau Fink
bewegen sich gar flink
mit piep und mit Gesang
wird die Zeit nicht lang.

Die kleine scheue Meise
die singt ihr Lied ganz leise
sie freut sich dort am Gartenhaus
da späht sie sich ein Plätzchen aus.

Und der Herr von Amsel
der singt für seine Mamsell
sie dankt es ihm auf ihre Weise
und baut ihm ein Nest ganz weise.

Zum Herrn Rotschwanz im Gebälk
hat eine Dame sich gesellt
mit großem Eifer wird gebaut
ein Nest, das für die Zukunft taugt.

So suchen alle einen Platz
auch die Elster und der Spatz,
denn in der schönen Frühlingszeit
sind für den Nachwuchs sie bereit.

Und kommt man in den Garten dann
und hört das Konzert sich an
herrlich, wenn die muntere Schar
bringt uns ihre Lieder dar.

Die Spätzin

Die Spätzin sagt zum Spatz
such einen schönen Platz
und baue dort ein weiches Nest
dann feiern wir ein Hochzeitsfest.

Gesagt, getan, ein Nest gebaut
und beide haben sich getraut
feierten ein Hochzeitsfest
bis morgens früh um halbe sechs.

Und weil die Beiden sich so lieb
die Lieb nicht ohne Folgen blieb
bald das Nest voll Eier lag
die brauchten warm den ganzen Tag.

Da saß die Spätzin so ohne Schuld
und wärmt die Eier mit Geduld
der liebe Gatte brachte ihr
Mücken und so manch Getier.

Doch bald schon Eierschalen knackten
und unter ihr lagen die nackten
jungen Spätzlein winzig klein
und alle konnten glücklich sein.

Von morgens früh bis in die Nacht
wurde Futter da gebracht
in das Nest für die hungrigen Schnäbel
dies ist Schwerstarbeit für Eltern-Vögel.

Bei dieser Pflege wachsen die Jungen
bald schon werden die Flügel geschwungen
sobald es ihre Flugkunst dann zulässt
verlassen sie das vertraute Nest.

Frühlingssonne

Wenn die Frühlingssonne lacht
und ringsum die Natur erwacht
wenn alles neu gedeiht und wächst
und nach warmen Tagen lechzt
überkommt uns das Gefühl für neues Leben
wir wollen am liebsten nach draußen streben
freuen uns an jeder einzelnen Blüte
die sich zeigt durch Gottes Güte.

Frühling im Garten

Im Frühling, wenn alles wieder wird grün
und überall herrlich die Bäume blüh'n,
da zieht es uns alle hinauszugehen
und die Natur so erwachen zu sehn.

In herrlichen Farben leuchten im Garten
Narzissen, Tulpen und andere Arten
von Frühlingsblumen mit herrlichem Duft
und es umweht uns laue Frühlingsluft.

Die Vögelein singen wieder den ganzen Tag,
dass jedermann sich dran freuen mag,
jeder sucht einen Platz, zu bauen ein Nest,
geschützt muss der Ort sein, trocken und fest.

Und so freuen wir uns am neuen Leben,
das uns der Frühling will wieder geben –
wenn Pflanze und Tier zum Leben erwacht
und viele Menschen glücklich macht.

Osterhasenzeit

Der kleine Osterhase sagt
ich habe mich so sehr geplagt
doch es wird einfach nie ein Ei
was ich auch mach, es tut mir leid.

Die Hasenmama sprach zu ihm
wir geh'n zum Hühnerstall jetzt hin
da gibt es Eier jede Menge
das ist die Aufgabe einer Henne.

Wir müssen sie dann nur schön bunt
bemalen, verzieren und
für die Kinder dann verstecken,
dass diese sie nicht gleich entdecken.

Das kleine Häslein voller Freud
hüpft im Kreis und ruft laut: heut
hab ich gelernt fürs Hasenleben
dass die Hühner Eier legen.

Seit vielen Jahren ist bekannt
der Osterbrauch durch Hasenhand
und weil's ein Kinderherz erfreut
ist's geblieben so bis heut.

Und doch entdeckt auch jedes Kind
das Ostereier sucht und find',
dass kein einziger Osterhas'
Anteil hat an diesem Spaß.

Gedanken zum Osterfest

Als Jesus für uns am Kreuz ist gestorben
hat er für uns ewiges Leben erworben
die Nägel haben durchbohrt Füß' und Hände
es war ein furchtbar schmerzhaftes Ende
seines Lebens hier auf Erden
doch so konnte für uns nur erfüllet werden
die Herrlichkeit bei Gott unserm Herrn
ansonsten wären wir für immer fern
von der Erlösung und ewigem Heil
das uns durch Christi Tod wird zuteil.
Wenn wir ihn nur schließen in unser Herz
denn für uns alle erlitt er diesen Schmerz.

Daran sollten wir nicht nur an Ostern gedenken
und gegenseitig Liebe uns schenken
unendlich ist die Liebe von Jesus Christ
weshalb er für uns auch gestorben ist.
Wie gut, dass er wieder auferstanden vom Tod
und herrlich in der Ewigkeit oben thront.
Unendlich dankbar will ich ihm sein
und schließe IHN in mein Herze ein.

Ein Hoch auf den Mai

Endgültig ist der Winter vorbei
alle sind froh, denn schön ist der Mai.
Die Tage sind wieder herrlich lang,
überall hört man Vogelgesang.
Bis der Letzte noch ein Plätzchen sucht,
zieht der andere bereits groß seine Brut.

Alles grünt und alles blüht
das ist schön, hebt das Gemüt,
welches manchem im Winter ist weit gesunken,
da wird wieder draußen Kaffee getrunken.
Bald angeheizt wird auch der Grill,
ein jeder macht es, wie er will,
der eine mit Kohlen, der andere mit Holz,
meist sind die Männer mächtig stolz,
sie brauchen zum Grillen keinen Strom,
Feuer machen ist ihnen angeboren.

Das Brauchtum wird oft hochgehalten
man erkennt es überall am Maibaum gestalten.
Vielerorts ertönen wieder fröhlich alte Maienlieder.
Kinder pflücken Blumensträußchen
mit Gänseblümchen und duftenden Veilchen.

Ein alter Spruch der heißt im Mai
singe der Bauer bei Regen juchhei,
denn der Maienregen
käm' dem Wachstum sehr entgegen.
Darum sag ich´s allen gleich, wunderschön ist doch der Mai.

Ein Gewitter zieht vorüber

Am Horizont die Wolkenwand
ziehet wie von Geisterhand
bedrohlich dunkel immer näher.

Drückend schwül ist noch die Hitze
in der Ferne zucken Blitze
zu hören leises Donnerrollen.

Bald biegen Winde wild die Äste
Blätter und so manche Reste
wirbeln wild hoch durch die Luft.

Eine Mutter ruft ihr Kind
komm zu mir ins Haus geschwind
bevor das Wetter bricht herein.

Heftig erste Regentropfen
an die Fensterscheiben klopfen
der Wind verwandelt sich in Sturm.

Blitze zucken grell herab
Donner folgen Schlag auf Schlag
sintflutartig peitscht der Regen.

Genau so schnell wie es gekommen
hat der Wind es fort genommen
ringsum herrschet wieder Stille.

Und herrlich scheint die Sonne wieder
warm und hell vom Himmel nieder
als ob nichts gewesen wär.

Wie von Geisterhand gezogen
steht farbenfroh ein Regenbogen
vor einer dunklen Wolkenwand.

Sommer

Der Herr sprach schon zu Noah dort –
so steht es geschrieben in seinem Wort
so lang wir sind auf dieser Erden
soll jedes Jahr ein Sommer werden.

Wenn viele Schmetterlinge fliegen
und Ähren sich im Winde wiegen,
Bienen summen durch die Luft
und irgendwo ein Kuckuck ruft – dann ist Sommer.

Wenn morgens bald die Sonn aufgeht
und abends unter erst sehr spät,
wir freuen uns, wenn Wolken nicht
verdunkeln uns das Sonnenlicht,
weil Sommer ist.

Doch ist der Regen auch so wichtig,
dass alles wachsen kann erst richtig
in den Gärten und auf den Feldern,
auch die Bäume in den Wäldern,
weil Sommer ist.

Ohne Wasser gibt´s kein Leben,
deshalb brauchen wir den Regen
und weil es so im Wort geschrieben,
ist es bis heute so geblieben.

Es wird Herbst

Wenn die Herbstzeitlosen blühen
und Nebelschwaden über die Felder ziehen –
weißt du, es ist Herbst.

Wenn Vögel in Scharen gen Süden fliegen
und Drachen der Kinder im Winde sich wiegen –
weißt du, es ist Herbst.

Wenn die Blätter an den Bäumen werden bunt
und Äpfel leuchten reif und rund –
weißt du, es ist Herbst.

Wenn überall werden die Felder leer
und die Gärten ringsumher –
weißt du, es ist Herbst.

Der Herbst ist hier

Der Herbst ist doch hier weit und breit
eine schöne Jahreszeit.
Die Ernte ist meist in der Scheune,
bunt leuchten Büsche und auch Bäume.
Der Wald, er glänzt in Gold und Rot,
die Tierlein haben keine Not,
Kastanien, Eicheln und andere Früchte
bietet die Natur in ihrer Küche.
Das Eichhörnchen auch noch fleißig flitzt
und ein paar Nüsse sich stibitzt.
Da ist es doch schön, durch die Natur zu gehen
und alles mit offenen Augen zu sehen,
was uns die Schöpfung jeden Tag neu
bietet, zu schauen zu unserer Freud.

Herbst

Nebel wallen grau und dicht morgens übers Feld
und wird es auch fast nicht licht, verzaubert er die Welt.

Wenn sich verzieht die Nebelwand und die Sonne lacht
sehn wir uns im weiten Land an bunten Blättern satt.

Denn auch der Herbst hat schöne Tage
wenn alles farbenfroh sich zeigt
es hat so manche Nebelschwade
auch einen ganz besonderen Reiz.

Erkältungszeit

Kaum umweht uns Herbstesduft
liegen Bazillen und Viren in der Luft
Husten und Schnupfen machen sich breit
kurzum, es ist Erkältungszeit.

Jetzt heißt's Vorrat anzuschaffen,
Tempo's rein in alle Taschen,
dass falls die Nase juckt und läuft,
man schnellstens nach der Rettung greift.

„Nicht schnäuzen, nur ziehen", so sagt der „Hannes"
das sei die „Auster des kleinen Mannes".
Doch ist meist schnäuzen oder niesen
besser, als solche „Austern" genießen.

Man probiert auch gegen Husten
Tropfen zu schlucken, Bonbons zu lutschen.
Das lindert oft Schmerzen in Hals und Mund –
doch schneller wird man nicht gesund.

Trotzdem lasst uns Bonbons lutschen –
Tropfen schlucken, weiter husten,
denn jedes Jahr zur Herbsteszeit
kommt Husten, Schnupfen, Heiserkeit.

Novembernebel

Wenn übers Feld der Nebel zieht
nur selten man die Sonne sieht
Feld und Garten liegen leer
der Vögel Gesang – er fehlt gar sehr
die Bäume stehen ohne Laub
der Wind hat sie ihres Kleides beraubt
alles ist so öde und trist
man merkt, dass es November ist.

November

Die Bäume stehen kahl und leer
und haben keine Blätter mehr
der Herbststurm hat sie fortgeblasen
still ruht auch ums Haus der Rasen
übers Feld zieht vor uns her
grau und dicht ein Nebelmeer
die Sonne macht sich seltsam rar
nur grau und trist wie jedes Jahr
präsentiert sich der November
dann freuen wir uns auf Dezember
wenn wieder Weihnachtsduft
zieht herrlich durch die Luft
und bei diesem Gedanken ist schnell
vergessen der trübe Novembergesell.

Die kalte Zeit

Wieder naht die kalte Zeit
alles wird kahl weit und breit
und wenn dann fällt der erste Schnee
rufen die Kinder vor Freude: „Juchee!"
Sie holen ihre Schlitten raus
und toben sich gerne beim Rodeln aus.
Doch auch mit Begeisterung
und mit viel Freude und viel Schwung
bringen sich Alt und Jung auf Trab
und sausen auf Skiern den Hang hinab.
Nur auf der Straße will niemand den Schnee
da stöhnt jeder, ach und o weh –
wäre doch wieder Frühlingszeit
und sauber die Straßen weit und breit.
So geht es Jahr für Jahr wohl weiter
mal ist es wolkig und dann wieder heiter.

Verzauberte Welt

Verzaubert wird die Welt
wenn Schnee vom Himmel fällt,
als würden Engel Zucker streuen,
wie sich da die Kinder freuen.

Und sobald die Schule aus
holen sie die Schlitten raus
und sie rodeln frisch und munter
lustig dann den Hang hinunter.

Eine Schneeballschlacht
wird oft und gern gemacht,
da freut sich klein und groß –
im Schnee da ist was los.

Groß die Freude dann und wann,
wenn man Schlittschuh laufen kann,
doch Achtung, dass das Eis auch trägt,
wenn man sich auf einem See bewegt.

Denn wie jeder weiß,
ist das Bübchen auf dem Eis
nass geworden bis zum Schopf
und der Vater hat´s geklopft.

So hat jeder seinen Spaß,
denn auch im Winter rührt sich was,
nur auf den Straßen heißt´s o weh,
liegt schon wieder hier der Schnee.

Vorsicht heißt da die Devise,
schnell sind gebrochen Händ' und Füße,
drum immer langsam – mit Gefühl,
denn langsam kommt man auch zum Ziel.

Wir träumen vom idealen Winter

Der ideale Winter wär´
herrlich tief verschneite Flur
nicht auf der Straße bitte sehr,
da stört der Schnee doch nur.

Er könnte auf den Feldern sein
und auch auf allen Bäumen
und dazu heller Sonnenschein
so können wir doch träumen.

Auf den Loipen wär´ Schnee schön
und auf den Bergen auch
da könnt man dann Skifahren gehen
wie´s im Winter ist der Brauch.

Der See sollt eine Eisschicht haben
denn Schlittschuhlaufen ist ein Spaß
da könnte Groß und Klein dann toben
auch Eisstockschießen wäre was.

Der Gehweg wär eisfrei vor dem Haus,
auch ohne Schnee zum räumen
die Wirklichkeit sieht anders aus,
wir würfen aber träumen.

Wenn es Winter wird

Im Garten wird´s stumm,
kein Bienlein mehr summt
in Büschen und Hecken
sich Vöglein verstecken.
Nur vom Hunger getrieben
sie zum Futterhaus fliegen.
Ob Meise oder Spatz, ob Amsel oder Fink
alle suchen das ihre und picken ganz flink.
Drum achte man drauf, dass das Futter gemischt,
damit auch jedes Vögelein was erwischt.

Der Igel hat unter dem Laub sich versteckt
und schläft dort, bis ihn die Frühlingssonne weckt.
Im Wald die Rehe und die Hasen
können nicht mehr einfach grasen,
doch der Förster achtet drauf
und füllt die Futterkrippe auf.
Sorgt, dass es den Waldtieren wohl ergeht
und ein Jedes den Winter gesund übersteht.
Auch manches kleine Mäuschen ist sicherlich froh
um ein kuscheliges Plätzchen im wärmenden Stroh.

Um uns her in Wald und Feld fast alles Winterruhe hält
und wenn die Pflanzen mit Schnee bedeckt warten bis der
Frühling sie wieder weckt, da hat auch der Winter seinen
Reiz, denn schön ist jede Jahreszeit.

Wintergedichte

Wenn Schnee vom Himmel fällt
und verzaubert Wald und Feld
Kinder froh nach draußen schauen
wollen einen Schneemann bauen.

Mittags, wenn die Schule aus
eilen sie geschwind nach Haus,
und nach dem Mittagessen
Hausaufgaben nicht vergessen.

Doch dann gibt es kein Warten
ein frohes Treiben ist im Garten –
da werden Kugeln her gerollt
und Utensilien herbeigeholt,
um den Schneemann zu verzieren,
nur ja keine Zeit verlieren.

Wenn er dann so herrlich dasteht –
Eiseskälte ihn umweht,
stolz beseh'n ihr Werk die Kinder
ach wie herrlich ist der Winter.

Hoffentlich bleibt´s lang noch so
dann sind Kinder wirklich froh
ziehen Schlitten dort im schnellen Lauf
eifrig den Berg hinauf –
rufen laut: „Wie herrlich schön
ist´s, wenn wir zum Rodeln geh'n."

Morgends weard´s glei gar net Dag
von jedem hearsch die gleiche Klag
jetz muaß i schnell mei Fenschter putza
Heinzelmännla wär´n von Nutza
dann muaß i o mei Loibla bacha
und no hundert andre Sacha
des hoißt doch dia schtaade Zeit
und jeds Johr macht sich Hektik broit
ma moinat grad, ´s weard immer mehr
jetz muaß amol a Ruah mea her
so denkt ma sich und wurschtelt zua
jetz hab i wirklich scha bald gnua.
Beim Schtress, dass alles feschtlich isch
muasch aufpassa, dass ´z wichtigscht net vergisch
soll Jesus keahra bei dir ei
dann muaß dei Inners aufgromt sei.

Lichterglanz und Kerzenschein
läuten die Adventszeit ein.
überall geht´s wieder rund
Häuser werden hell und bunt.

Doch in die Herzen soll hinein
ein ganz besonderer Lichterschein,
denn Jesus kam auf diese Erde
dass bei uns es „Licht" soll werden.

Schon wieder steht auf dem Kalender
der Monat, welcher heißt Dezember
Trubel und Hektik macht sich breit
in der sogenannten staden Zeit.
Doch Besinnung wäre angesagt
nicht nur die Geschenkejagd,
denn Zeit zu schenken und zu haben
wär eine unserer schönsten Gaben
man braucht nicht in Geschäfte laufen,
die Zeit, die kann man nirgends kaufen.

Loibla backa

Mehl wird g´siebt und Nussa gmahla
an der Woog abglesa d´ Zahla
Zucker gwoga, Gwürz abgmessa
hab i o wirklich nix vergessa;
dass d´ Oir guat send werd dra gschnuppert
dann werd hergrichtet der Butter.

Jetzt muaß ma alles fleißig riara,
grad wias im Rezept isch gschrieba,
oder aber zammakneta –
und dann auswella schea eba –
Loibla forma oder ausstecha
und dann auf dia Blecher setza.

Aghoizt werd jetzt glei dr Ofa,
und dann kenna mr bloß hoffa,
wia a Lux muasch jetz aufpassa,
dass o alles recht duat klappa –
des isch a schpannender Moment,
dass o wirklich koins verbrennt.

Send dann alle fertigbacka,
mecht mrs nomol scheaner macha,
duad no schnell an Guss verriara,
und die Loibla no verziara.
Schea sends woara, denkt ma, d Arbat isch vergessa,
und ruck-zuck, scha send´s wieder gessa.

Advent und Weihnacht

Für Kinder heißt oft im Dezember
das Zauberwort „Adventskalender"
für jeden Tag ein kleines Türchen
dahinter meist ein süß´ Figürchen
dann ist nicht ganz so lang die Zeit
in der man sich aufs Christkind freut.
Dann warten sie auf Heiligabend
und auf viel Geschenk und Gaben.

Doch leider ist´s auf dieser Welt
nicht überall so gut bestellt.
In vielen Ländern ist groß die Not
es reicht oft nicht fürs täglich Brot.
Drum wollen wir froh sein für das was wir haben
es zählen nicht nur die großen Gaben.
Ein bisschen Liebe, ein wenig Zeit
sind oft Geschenke für große Freud.

Zeit der Besinnung

Überall viel Lichter brennen
Menschen in Geschäfte rennen.
Jeder will Geschenke haben,
jeder will die schönsten Gaben.

Aus der Küche Plätzchenduft –
füllt im ganzen Haus die Luft.
Groß die Freude weit und breit,
nun ist wieder Weihnachtszeit.

Doch beim vielen „Tun" und „Rennen",
auch mal innehalten können,
Adventszeit soll nicht Stress allein,
sondern die „Zeit der Besinnung" sein.

Denn Hauptsache an Weihnacht ist doch die Geburt von
Jesus Christ - glücklich ist in dieser Welt,
der dies Geschenk an „Erstens" stellt.

Alle Jahre wieder

Jedes Jahr aufs Neue wir uns an Weihnacht freuen,
gedenken dran wie Jesus Christ zu Bethlehem geboren ist.

Als armes Kind kam ER zur Welt
sah nicht aus wie ein Friedensheld,
der die Menschheit sollt erlösen
mancher ist sicher enttäuscht gewesen.

Doch Jesaja sagte schon,
dass Gott wird senden seinen Sohn
und weil sich Gottes Wort erfüllt
lag ER dort so arm mit Stroh umhüllt.

Den Hirten auf dem Felde ein Engel erschien
er sagte zu ihnen: gehet schnell hin
in einem Stalle in Bethlehem
ist ein großes Wunder gescheh'n
geboren ist der Menschheit Retter in dieser Nacht
Ochse und Esel halten die Wacht.

Überm Stalle stand ein Stern
dem folgten sogleich die Weisen von fern,
sie kamen daher und brachten dem Kind
Gold und Weihrauch und Myrrhe geschwind.

So soll der Stern von Bethlehem
leuchten täglich uns aufs Neu,
dass wir den Weg mit Jesus gehen
und bleiben stets im Glauben treu.

Schtaade Zeit

Ja, scho wieder isch soweit,
sie isch do, dia schtade Zeit.
Liachter funkeln überall,
Figuara aus Kunschtschtoff und Metall
hängan an de Heiser rom,
schaukeln im Wind mol rom, mol nom.

O dia Schtuba wearan schea gmacht,
jeder wois, es isch bald Weihnacht,
nirgends soll dia Deko fehla,
sorgfältig duat ma do wähla,
wo no a Tannazweigle fehlt –
und Kerza wearan o nagschtellt.
Figuara gibt's in alle Greasa –
am scheanschta, wenns selber baschtelt weara.

Und wenn ma in a Gschäft nei kommt,
sausan alle umanand,
jeder will dr schnellschte sei,
kofft fir´s Weihnachtsfescht fescht ei –
odr o zom Loibla backa,
weil do braucht ma o wiaviel Sacha,
ma will ja zoiga, was ma hot,
wenn manchmol glei o s Geld ausgot.

Doch dia Zeit sollt net bloß Schtress alloi,
sondern o a weng besinnlich sei,
denn schliaßlich isch in Bethlehem
Jesus komma, und wega deam,
feiern mir dia Weihnachtszeit –
bedenkad des, ihr liabe Leit,
drum soll net bloß des Haus putzt sei,
dr Heiland mecht in d´ Herza nei.

Weihnacht ist das Fest der Liebe
trotz dem hektischen Getriebe
das wir stets rings um uns haben
und doch sind es die kleinen Gaben
die den Menschen Freude machen
ein liebes Wort, ein frohes Lachen
oder auch ein Wort zum Trost
in trüber Stunde oder Not.
Gott aus Liebe Christus sandte
drum wollen wir sagen für alles DANKE.

Weihnacht wirds

Weihnacht wird´s und manche Fragen
oftmals viele Menschen plagen:
was schenk ich dort, was geb' ich hier,
was schenk ich ihm, was geb' ich ihr?

Manche wollen mit den Gaben
nur ein ruhig Gewissen haben,
wieder andere schenken auch
einfach so – nur weil´s der Brauch.

Doch auch um eine Freud' zu machen
schenken wir den anderen Sachen.
Diese Gabe darf ganz klein –
doch vollbepackt mit Liebe sein.

Denn Gott sandte aus Liebe schon
zu uns auf Erden seinen Sohn.
Daran sollen wir stets denken
nicht nur an Weihnacht Liebe schenken.

Dann wär nicht nur zur Weihnachtszeit
Fried und Freude weit und breit.
Ach könnte doch tagaus, tagein
in allen Herzen Weihnacht sein.

Vorweihnachtszeit

Jetzt geht´s wieder Weihnacht zua
und koiner find´ mehr Rast und Ruah
do weard g´rennt und gmacht und putzt
und denkt, ob jedes G´schenk o nutzt
oder ob sich der andere wenigstens gfreit
weil ma hot ja zum Denka fascht gar koi Zeit.

Kinder send aufgregt, hond Wünsche gar viel
und wissan oft gar net was wirklich des Ziel
und der Sinn von Weihnachta isch
nämlich des Komma vom Herrn Jesus Chrischt.

Schade dass in unserer heitiga Zeit
die Hauptsach oft auf der Schtrecke bleibt
und mancher net offa zu der Tatsache schtod
um was es in deane Tag wirklich god
denn der Heiland will unser Erlöser doch sei
und will in unsere Herza o nei.

Er isch komma im a Schtall als a kloins Kind
aber dass ihn die Menschheit o wirklich find
hon d´ Engel des Wunder verkündet
und de Hirta gsagt wia ma den Heiland findet
dia waran vom Wunder glei ganz gfanga
und send zu dem Schtall noch Bethlehem ganga
ham guckt ob der Engel o Recht gsagt hot
und glei deam Kindle die Ehre o brocht
hon betet und gsunga und sich arg gfreit
und des isch gschrieba für uns bis heit.

Drum soll des an Weihnacht doch d´ Hauptsach sei
dass mir dean Retter lossa in unser Leba nei
er soll uns führa, lenka, leita
in unsere ganze Lebenszeita.
Für jeden sei drum die Weihnachtszeit
a Gschenk von ganz besonderer Freid.

Weihnachtszeit

Bäume und Häuser werden geschmückt
und mit Weihnachtsfiguren bestückt.
Alles leuchtet, alles blinkt
und wenn dann noch die Landschaft im Schnee versinkt
dann ist alles herrlich bereit
für die schöne Weihnachtszeit.

Gott sandte aus Liebe schon
zu uns auf Erden seinen Sohn
wir denken dran in diesen Tagen
und wollen drum auch Danke sagen
wer Gottes Lieb empfangen hat
und weitergibt durch gute Tat
der schenkt nicht nur zur Weihnachtszeit
Lieb und Freude andern Leut'.

Das Christkind

Die Mutter spricht: „Das Christkind kommt,
nur wenn du artig bist!"
Und diese alte Tradition
bei Eltern oft ein Ausspruch ist.

Doch der Gedanke Gottes war –
nicht weil wir artig sind,
sondern Sünder immerdar
brauchen wir das Christus-Kind.

Jesus sollte uns erretten
Von aller Sünd´ und Schuld.
Er sollte uns erlösen
durch seine große Huld.

Das war der Sinn der Heil'gen Nacht –
und nicht nur der Konsum.
Drum habt auf eure Herzen acht
und bringet Gott den Ruhm.

Ein liebes Wort, ein frohes Lachen
und anderen Menschen Freude machen,
oder auch ein Wort zum Trost
in trüber Stunde oder Not,
ist ein Geschenk, das stets erfreut
nicht nur schnell zur Weihnachtszeit.

Die heilige Familie

Kaiser Augustus ließ sagen dem Volk
dass er seine Untertanen zählen wollt
das war ein Reisen durchs ganze Land
bis jeder in seiner Heimat Quartier auch fand.

Auf den Weg macht´ sich auch ein junges Paar
Joseph und Maria, welche schwanger war –
beschwerlich war der Weg und unbequem,
denn sie mussten gehen nach Bethlehem.

Als endlich die Beiden erreicht ihr Ziel
waren in der Stadt dort Menschen gar viel
und weil man sah, diese zwei sind nicht reich
sagte der Wirt, hier ist kein Zimmer frei.

Sie versuchten es an so mancher Tür
doch nirgendwo fanden sie Quartier.
Irgendwann dann sich jemand erbarmt
und sagt im Stall sei es wenigstens warm.

Zu Ochs und Esel könnt ihr hinein
doch damit müsst ihr zufrieden sein.
Sie begaben sich dorthin mit letzter Kraft
Maria war froh, dass es endlich geschafft.

Mitten in der Nacht bekam sie das Kind –
da lag es dann zwischen Esel und Rind
in der Futterkrippe, welche gefüllt mit Stroh,
armselig, doch trotzdem Gottes Sohn.

Ein Engel besuchte die Hirten im Feld
und sprach zu Ihnen: Der Heiland der Weld
ist euch geboren in Bethlehem
da eilten sie schnell, das Wunder zu sehn.

Und an diese Heilige Nacht
wird jedes Jahr aufs Neue gedacht.
Doch oft zu wenig der Mensch daran denkt
dass Gott durch Jesus Ewiges Leben schenkt.

Weihnachtswünsche

Weihnachtszeit, stille Zeit
Freude und Zufriedenheit
ist es, was uns glücklich macht
wir warten auf die Heil´ge Nacht.

Kinder viele Wünsche äußern
und in den geschmückten Häusern
hoffen alle, Groß und Klein,
dass alles gut macht ´s Christkindlein.

Ist Heil´ger Abend nicht mehr weit,
klopft das Herz, die Neugier steigt
bei vielen Kindern in der Welt,
ob das Geschenk zufriedenstellt.

Doch leider gibt es auch viel Not
und Mühe um das täglich Brot.
Da werden Weihnachtswünsche klein –
man wünscht sich einfach, satt zu sein.

Gott kennt des Lebens Schattenseiten
will uns auch in der Not begleiten;
drum sage Dank, dass Jesus Christ
als Christkindlein gekommen ist.

Wir freuen uns, wenn im Advent
wieder manche Kerze brennt,
denn in der dunklen Jahreszeit
macht Kerzenlicht die Herzen weit.
Schade ist im Alltag nur,
dass von Besinnung keine Spur,
weil der Konsum so wichtig ist
und noch dazu die täglich Pflicht.

So wird im Trubel schnell vergessen
was der Herr uns zugemessen,
als er von seinem hohen Thron
zu uns sandte seinen Sohn.

Denn diese Lichter in Haus und Flur
sind doch ein kleines Zeichen nur
fürs Lebenslicht, das ER gebracht
als ER kam in der HEIL´GEN NACHT!

Weihnachtszeit

Scha wieder got´s auf Weihnacht zua
im Garta drauß herrscht Winterruah
aber dia Vögel am Fuadrplatz
egal ob Amsel, Meise oder Spatz,
dia pickan ganz hektisch umanand
und grad so rennan d´ Leit umanand
sie machan an Schtress, ma keant grad moina
´s gibt koine Däg mehr, bloß dean oina
und ´s wär des wichtigscht im Advent
dass jeder schnell um Gschenkla rennt
überall schea dekoriera
bloß ja koi Zeit drbei verliera
do muaß no a Beleuchtung sei
und sell gheart no a Zweigle nei
doch ma sollt net übertreiba
Zeit sollt für d´ Familie bleiba
a paar Loibla, a paar Kerza,
a Liadle singa ganz von Herza
a bissle schwätza über da Sinn von Weihnacht
wo Jesus geboara isch in der Heiliga Nacht
im Schtall in Bethlehem ganz arm
bloß bei de „Geldige" do war´s warm.
´s wichtigscht isch doch, des weiter zum geba
an die negscht Generation für ihra Leba,
dass net die hellscht Beleichtung wichtig isch
sondern Zeit und Dank für Jesus Christ.
I moin des isch in der heitiga Zeit
bsonders wichtig für uns Chrischta-Leit.

Zum Jahreswechsel

Wieder geht ein Jahr zu Ende
wir stehen vor der Jahreswende
und hoffen auf ein Neues Jahr.
Ob´s besser wird, wie´s Alte war?

Wir wissen's nicht und das ist gut
drum fassen wir stets neuen Mut
vertrauen auf Herrn Jesus Christ,
weil er doch unser Heiland ist.

Er weiß stets, was wir nötig haben
in guten wie in schlechten Tagen.
Deshalb wollen wir ihm vertrauen
und auf seine Führung bauen.

Es heißt im Wort, wer Gott vertraut –
der hat auf keinen Sand gebaut.
Mit diesem Blick wird´s neue Jahr
nicht schlechter, als das alte war.

Neujahrswunsch

Ein neues Jahr für unser Leben,
was wird es uns wohl wieder geben?
Gesundheit wünschen wir uns allen,
Friede, Freude, Wohlgefallen.
Ein ganzes Jahr Zufriedenheit,
recht viel Glück und nur kein Leid.

Doch wie es kommt, so nehmen wir
alles hin mit Dank dafür,
denn der HERR macht alles recht
ER meint es immer gut, nie schlecht.
Deshalb fürs neue Jahr viel Glück –
den Blick nach vorn, nur nicht zurück.

Allerhand Tierisches

Die Meise

Die Meise sagt zum Spatz
geh weg und mach mir Platz
da sagt der Spatz ganz weise
du hast wohl eine Meise
´nen anderen Platz such du
und lass mir meine Ruh.

Der Hirsch

Der Hirsch sagt zu dem wilden Schwein –
du bist so schwarz und gar nicht fein
und trägst auch gar kein groß´ Geweih.
Da sprach das Wildschwein zu dem Hirsch
wenn Jäger gehen auf die Pirsch
dann ist dein Leben schnell vorbei.

Denn ich verschwind im Unterholz –
doch du trägst dein Geweih voll Stolz
wirst zu begehrter Beute.
Denn die Trophäe nach der Jagd
den Waidmann stets zufrieden macht
früher gleich wie heute.

Froschkonzert im Blumenpark

Im Dehner Blumenpark im Mai
gibt es zu sehen mancherlei
da blühen jede Menge Blumen –
auch ist ein Schwirren und ein Summen,
denn Schmetterlinge, Hummeln, Bienen
sich selbst und auch den Blüten dienen.

Doch einzigartig sehenswert
ist dort am Teich das Froschkonzert,
wenn man auf der Brücke steht
und hinab ins Wasser sieht
sitzen Frösche ohne Zahl
oder hüpfen überall
besetzt sind rundum alle Steine
ob große Frösche oder kleine –
blasen riesig auf die Backen
und dann kommt ein lautes quaken
man denkt, wenn man schaut hinein
jeder möchte der Beste sein.

Das ist ein Hüpfen und ein Quaken
viele auch im Wasser baden.
So ein riesig Froschkonzert
ist wirklich einmal sehenswert.
Der Firma Dehner Dank ich sage
für den Park und das Gequake.

Hunger

Der Fuchs, der ist besonders schlau
schleicht leise nachts aus seinem Bau
zum nahen Hühnerstall dorthin
da ist das Federvieh jetzt drin.

Verschlossen ist jedoch die Tür
er schaut sich um, wo ist denn hier
ein Durchgang zur begehrten Beute
ich verstehe nicht die Leute.

Doch da entdeckt ein Schlupfloch er
so kam ich nicht umsonst hier her
dachte er und schlich hinein –
die Hühner fingen an zu schrei'n.

Wild flatterten sie durch den Stall,
Federn flogen überall,
der Gockel kam wie wild herbei
und macht das lauteste Geschrei.

Bei dieser wilden Überzahl
hat Rotfuchs leider keine Wahl
macht sich schnellstens aus dem Staub –
nichts wurde aus dem Hühnerraub.

Die Gänse dort am nahen Teich
die hatten ihren Schlafbereich
auf der Insel mit Bedacht
schon ganz weise sich gemacht.

Als er auf dem Heimweg dann
traf ein kleines Mäuschen an
trat er ihm auf seinen Schwanz –
träumt von einer fetten Gans.

Obwohl sich's kleine Mäuslein duckt
hat der Fuchs es schnell verschluckt.
Dachte, besser doch als nichts
so ein kleines Mäuslein ist.

Die Moral von der Geschicht:
Verachte kleine Bissen nicht –
denn besser als die Hungersnot
ist doch ein Stückchen hartes Brot.

A scheaner Gockel

A scheaner Gockel und sei Henna
dean bei dr Baire durch da Garta renna
do scharran und do pickans dann
d Henna send net wirklich domm
dia wissan guat, was eahna schmeckt
scha wieder hot oina an Wurm entdeckt
da ganza Tag weard gscharrt und pickt
und guckt, wo was zum Fressa liegt.

Wenns dämmert, weard in Schtall neiganga
dann hockans nauf auf ihre Schtanga
die jed behauptet ihran Platz
schpurt oina net, noch gibt's Rabatz
dr Kopf weard untern Fliegel gschteckt
a Wunder fascht, wie jeds sich hebt.

Und wenns dann morgens kaum weard Tag
riart se dr Gockel mit Fliegelschlag
suacht sich a scheans Plätzle raus
ruaft laut sei Kikeriki glei naus
oimol roicht deam Prachtskerl net
jetzt weard glei d Nochberschaft no gweckt.

D Baire richtet s Fuadr nei
un alle Henna rennan glei
dr Gockel schtod zearscht artig na
und lockt sei Schar zom Fressa a
und wenns dann ihran Hennamaga
mit ihrom Fressa recht vollgschlaga

suachans z Nescht, es isch soweit
jetzt isch für d Arbat höchschte Zeit.

Und plötzlich machans a groaß Gschroi
i glob, dia hon jetzt glegt ihr Oi
denkt d Baire und nemmt´s na weg
o Henna, jetzt hont`r da Dreck
jetzt gangand in da Garta naus
und dobad eich beim Scharra aus.

Die Spinne

Wer hat mal einer Spinne
beim Spinnen zugeschaut
wie sie mit feinem Sinne
ein Netz sich hat gebaut.

Fast unsichtbar den Faden sie
sich spinnt, als gäb's kein End
und, wie es scheint, auch ohne Müh
ganz flink zusammenhängt.

In Kürze ist ein Netz gewebt
egal, an welchen Gegenstand,
selbst wenn ein Sturm sich dann erhebt,
hält es fast immer stand.

Mäusejagd

Eine Katze geht zum Jagen
ihr Ziel ist heut ein frischer Happen
sie schleicht ganz leise, das Gras ist hoch –
und setzt sich vor ein Mauseloch.

Geduldig lauert sie darauf
das Schicksal des Mäusleins nimmt seinen Lauf
es denkt die Luft wär endlich rein
ein kleiner Ausflug muss jetzt sein.

Doch kaum, dass es herausgetappt
hat die Katze zugeschnappt
und meint, sie sei besonders schlau –
weil's Mäuslein kam aus seinem Bau.

So spielt sie freudig noch herum
das Mäuslein jedoch ist nicht dumm
und in seiner großen Not
stellte es sich einfach tot.

Die Katze übermannt der Leichtsinn,
sie schaut im Augenblick nicht hin –
schon ist das schlaue Mäuslein weg
hat sich im nächsten Loch versteckt.

Die Moral von der Geschicht
überschätz nur deine Schlauheit nicht
dass nicht am Ende heißt der Satz
es war doch alles für die Katz.

Aus dem Leben

Wenn ma älter wird

Wenn älter wearsch, i ka´s eich saga
des kennan viele net vertraga
für manches fehlt dr dann dr Schwung
oder o d´ Begeischterung
mol ziachts im Rücka, amol knirschts Scharnier
doch des oine sag i dir
johmer net und denk drbei
alles keant no schlimmer sei.

Oimol willsch dei Zeitung lesa,
merksch, jetz hosch dia Brill vrgessa
z nexschtmol lofsch in Keller na
wenn dront bisch, dann woisch nemme was
hab i braucht, jetzt eigentlich
doch kaum bisch wieder in der Küch
ganz plötzlich fallt dirs dann mea ei
dann denk, 's keant alles schlimmer sei.

Oder sigsch, 's fehlt wo a Knopf
des b´halt i aber jetz im Kopf
dean näh i nocher ganz schnell a
holsch Nodl, Fada, hocksch de na
doch glei hosch wieder's nexschte Gfrett,
denn des Loch, des triffsch du net
ohne Brill, doch i sags glei
denk dr nix, ´s keant schlimmer sei.

Z negscht Problem isch d' Zäh send he
jetz muasch scha mea zom Zahnarzt gea

der sagt: ja mei dia miasan raus
des isch o mea so a Grauß.
Hosch dann endlich des Gebiss
bisch froah, wenns richtig drinna isch
duaschs obends raus und morgends nei
denk dr nix, 's keant schlimmer sei.

So wurschtlsch weiter Tag fr Tag
do a Freid und do a Klag
d' Leischtung weard halt immer wenger
schneller gots halt oifach nemmer
und wenn's die Junge net verschtonn
die Alte glei a Antwort hon:
komm na du earscht in mei Alter
noch duasch o langsam innehalta
des isch oifach dr Lauf dr Zeit
drum sag i mir, 's keant schlimmer sei.

Beim Augenarzt

Beim Augenarzt ist Kontrolltermin
also fahr ich eben hin.
Nehmen Sie noch etwas Platz
heißt dann dort der Standartsatz.

Nach einer kurzen Wartezeit
ruft die Dame von nicht weit
kommen Sie zu mir herein,
die Untersuchung muss heut sein.

Den Augeninnendruck zu messen
bleibt keinesfalls hier mal vergessen,
doch mag ich nicht, wenn die Luft
mir so in die Augen pufft.

Wieder warten heißt es dann,
bis das nächste Ding ist dran.
Gesichtsfeld messen heißt der Test,
der mich fast verzweifeln lässt.

Dann ein Bild vom Hintergrund
des Auges, ob er ist gesund.
Mit dieser Technik kann man sich
die Tropfen sparen, höre ich.

Also in das nächste Zimmer –
dazwischen aber heißt es immer
sie dürfen nochmals nehmen Platz
ich kenne ja schon diesen Satz.

Endlich irgendwann zum Schluss
dann ich noch ins Zimmer muss
wo der Herr Doktor gar nicht laut
mir noch in die Augen schaut.

Er erklärt mir auch am Bild,
das den ganzen Bildschirm füllt,
ob der Augen Hintergrund
in Ordnung ist, das heißt gesund.

Dann endlich bin ich fertig hier
geh hinaus und schließ die Tür
nicht ohne Zettel mit Termin
in sechs Monaten muss ich wieder hin.

Das Auto

Das Auto ist ganz ohne Frage
fast in jeder Lebenslage
ein unentbehrlich Utensil
wenn man unterwegs sein will.

Bei Regen es vor Nässe schützt
beim Einkauf zum Transport es nützt
oder auch für eine Reise
dient es uns in seiner Weise.

Doch manchmal will es nicht so recht
das ist für den Besitzer schlecht
dann heißt's zur Werkstatt hin im Saus
die Fachleut schauen dann mal drauf.

Der Besitzer denkt sich bloß
hoffentlich ist nicht so groß
der Schaden an der Blechkarosse
sonst geht's an meine Notspardose.

Für Manchen ist das Auto wohl
für den Status ein Symbol
nur wichtig ist, dass glänzt der Lack,
dass möglichst viel PS es hat.

Für kleine Leut, das ist bekannt
ist's zum Gebrauch ein Gegenstand,
für den Besitzer ist nur wichtig,
dass die Technik funktioniert so richtig.

So ist das Auto dem Besitzer
Fortbewegung oder Status-Flitzer.
Jeder wie er's nötig hat
ob zum Gebrauch – ob Luxus satt.

Neue Technik

Wenn heitzutag durchs Städtle gosch
oder a Weile an oim Plätzle schtosch
do sigsch dia Leit – da Kopf nach unda
do muasch de grad bloß no wundra
dass dia no ihren Weg o sehan
und net so manches übersehan
weil jeder zwoite bloß no wischt
und guckt, was auf seim Smartphon isch.

Wia isch des alles friehr ganga
was hot ma mit der Zeit agfanga
dia mr net braucht hot zom wischa
und zom Neiigkeita fischa
dia des Netz heit jedem aufdrängt
dass bloß dr Blick am Käschtle hängt
ma keant grad moina, 's ganze Leba
schpielt sich ab am Smartphon heba.

Und irgendwann isch dann so weit
des bringt dia Technik mit dr Zeit
dass koiner mehr grad gucka ka
niemand guckt anander a
selbscht in dr Runde weard bloß gwischt
und nimmer gredet übern Tisch
do gibt's dann o koin Durchanander
wenn niemand redet mitanander
doch schea isch des dann sicher net
wenn koiner mehr mit'm andra red't.

Do isch doch a Geschpräch was anders
oder a Dischkurs mitnander
bei deam ma sich in d´ Auga guckt
und net bloß in am Käschtle druckt
doch dia junge Leit von heit
dia gangan mit dr Technikzeit.

I glob des war scha immer so
wenn wer was erfunda irgendwo
dass viele gsagt, wo führt des na
und dass des net guat ganga ka
was für uns heit selbstverschdändlich isch
und so isch's wohl o mit deam G'wisch
es bringt halt a jeda Zeit
mit sich ihra Neiigkeit
doch sollt man's nutza mit Bedacht
zearscht denka, was ma - wann - wo macht.

Heute pflanzen wir einen Baum

Zuerst wird vorsichtig ganz oben
die schöne Grasschicht abgehoben,
dann ganz eifrig mit dem Spaten
wird ein tiefes Loch gegraben
weil dort auf dem Zettel steht
wie weit man in die Tiefe geht.

Doch leider kommt da nicht nur Dreck
gar viele Steine sind versteckt
unterm Gras in unserem Garten –
große, kleine, alle Arten.
Die heißt es erst mal wegzuräumen,
bücken, klauben, nichts verträumen.
Sonst wächst bestimmt der Baum nicht an,
dann keine Frucht er bringen kann.

Dann gute Erde in das Loch
das Wurzelnetz gelockert noch,
hinein den Baum und angefüllt,
mit feinster Erde ganz umhüllt.
Anbinden, gießen, stets gut hegen
das ganze Jahr durch lieblich pflegen.
Wenn er dann feine Früchte trägt
freut man sich, dass man gut gepflegt;
die Arbeit ist nur halb so schlimm,
wenn man vom Baum die Früchte nimmt.

Gedanken zur Wahl

Heute heißt es wieder mal
wir gehen jetzt schnell zu der Wahl.
Doch die Liste die ist lang
und ich denk beim Anblick dann –
wem ich meine Stimme gebe
und wer würdig dann vertrete
alles, was fürs Volke wichtig
und fürs Ortsgeschehen richtig.
Kann nicht nur schauen aufs Gesicht
nicht nur, wer schnell mal was verspricht.

Oftmals wird versprochen viel,
das allein führt nicht zum Ziel.
Ich setz auf meine Menschenkenntnis
wer für die „Kleinen Leut" Verständnis
und nicht aus dem Aug verliert
was das Volk so interessiert
so find ich es gar nicht schlimm
abzugeben meine Stimm,
denn wirklich ist es eine Qual
im Land zu leben ohne Wahl.

Allen denen, welche heut
opfern ihre freie Zeit
zu helfen denen, die da wählen
und nachher fleißig Stimmen zählen
dass alles seine Ordnung hat
sei hiermit einmal Dank gesagt.

In den Taschen

In den Tiefen einer Tasche
hinter einer kleinen Lasche
oder einem Reißverschluss
ist es manchmal ein Verdruss
bis man kleine Dinge findet
man könnte meinen es verschwindet
so manches wie von Geisterhand
in ein unbekanntes Land.

Ob Kugelschreiber, Pflasterstrip,
oder Einkaufswagenchip –
für das Haus den Schlüsselbund,
Pillendose klein und rund,
Bonbons oder Kaugummi,
Hörgeräte-Batterie,
einen Spiegel, einen Kamm,
Brillentuch und andrer Kram.

Denn viel Raum das Smartphone braucht
und die Geldbörse meist auch.
Dazu so manche Kundenkarten
und verschiedene Ausweisarten.
Terminkalender, Führerschein
müssen meistens auch noch sein
in der Tasche – welche Qual,
wenn ich suche wieder mal
was gerade ist verschwunden
in der Tiefe ganz weit unten.

Da frage ich mich manchmal bloß
Ist das auch andrer Frauen Los?

Beim Doktor

Fünf Minuten vor Termin
geht man meistens schon dorthin
meistens klappt das, möcht man meinen
man will ja nicht zu spät erscheinen.

Und weil schließlich ich was will
verlangt man von mir nicht zu viel
dass ich dann im Wartezimmer
sitze noch und warte immer.

Die Frau Doktor freundlich fragt
was mich heute wieder plagt
wenn ich erkläre mein Problem
sitzt sie meistens noch bequem.

Doch erhebt sie sich auch schnell
und besieht die kranke Stell
wenn dies ist erforderlich
manchmal sie mit der Nadel sticht.

Sind Tabletten, Salben, Tropfen nötig
wird sie mit Rezept auch tätig,
dass bald bekomm ich Linderung
Gesundheit und auch neuen Schwung.

Sie schreibt die Diagnose nieder
Ich mach mich auf den Heimweg wieder
bin zufrieden mit der Ärztin auch
noch besser, wenn ich sie nicht brauch.

So Däg

Manchmol gibt´s so Däg im Leba
do god dr oifach alls drneba
in dr Friah do god´s scha los
koi Kaffee isch mehr in dr Dos.
Muas earscht amol des Pulver fülla
ka dann mein Kaffeehunger schtilla.

Denk, i guck schnell in d´ Zeitung nei
ma will ja informiert o sei
was gscheha isch so um uns rom –
noch her i, dass scha ebbr kommt;
denk i mir, muaß des jetzt grad sei
do will scha dr Kamikehrer rei.

Er sagt, er muaß zur Heizung na
dia Prozedur dia kennt ma ja.
Noch hock i nomol hintern Tisch
zum lesa moin i, a Ruah jetzt isch.

Doch jetz des Telefon sich riart –
wer will den do scha was so friah;
mei Ma sagt, gang, dann woisch es glei
i sag ganz ruhig in Hörer nei,
dass des do unser Aschluß isch
und horch, wer driba meldet sich.

Weils was gscheits isch, wird lang gred´t
über alles möglich, o wias oim geht.
Ganz plötzlich kommt mir in da Sinn

i hab ja dann no an Termin.
Des Gschpräch weard jetzt beendet schnell
D' Zeitung zuagmacht auf dr Schtell.
Jetz pressierts, sonscht komm i z' schpät
Des wär o a bissle bled.
Bis i hoim komm, muaß i kocha
a Fleisch gibt's heit, ganz ohne Knocha
i mach a guats Schnitzel natur
a feina Soß und Schpätzla drzua.

Gang schnell in da Keller na
herrschaft jetz send Zwiebla gar
kurz denk i mir was mach i bloß
dann gibt's halt schtatt Schnitzel in dr Soß
a paar Schnitzel gwendet in Panat
un drzua a Schüssel Kartoffelsalat.
Grettet isch des Mittagessa
und bald isch des o vergessa.

Am Nochmittag do muaß i dann
im Haus no doa so allerhand.
Dann gang i in da Garda naus
kommt d' Nochbere grad aus'm Haus
noch werd gratscht so übern Zaun
und Zeit vergod, ma merkt des kaum.
Dr Bua ruaft, wann kommsch endlich rei
Jetz isch zur Brotzeit fei bald Zeit.

So got ganz schnell vrbei dr Dag –
und am Obend i dann frog:
sag amol, wia isch denn heit

schnell verganga mea dia Zeit.
I glob, dass i auf deara Welt
net alloi dia Frog mir schtell.

Groaßputz

I miaßt amol wieder Groaßputz macha
doch es liegan so viel Sacha
überall im Weg do rom
dia legt ma immer rom und nom.

I denk, jetzt rom i earscht gscheit auf
manches ka in Schpeicher nauf
a Groaßdoil kommt in d' Tonne nei
noch weard des do bald anderscht sei.
Doch kaum hab i ebbas in de Händ
denk, ob i 's wohl no braucha könnt.

Trags glei in da Keller na
des isch zom Wegschmeißa doch z' schad
so gods mir mit so manche Sacha
des isch halt so beim Ordnung macha.

I ka net alls in d' Tonne werfa
ma weard doch iberlega derfa
denk i und sag dann zu meim Ma
dass er des gwies no braucha ka.
I legs eahm in sei Werkschtatt naus
dann hab i 's endlich ausm Haus.

In Grenza hält sich sei Begeischtrung
bei mir do liegt doch scha gnua rom
i sollt o amol alls sortiera
und ebbas zum Receicling fiahra
sonscht kenn me selber nemme aus

i ka eich saga, desch a Graus,
wenn ma immer iberlegt
und alles zwoimol rom no dreht,
bis ma sich entscheida ka
des isch zum wegschmeißa jetzt dra.

Doch wenn ma wieder Ordnung hot
und alles an seim Plätzle schtodt
dann woiß i, i hab recht entschieda
's isch so no grad gnuag ibrig blieba
Weg mit deam Zeig, was i net brauch
und was so zu nix mehr daugt.

Der Hut

Vielen Menschen passt es gut
zu tragen einen schicken Hut
doch manchmal denkt man, die hat Mut
wenn auf dem Kopfe sitzt ein Hut.

Hüte gibt's in vielen Formen,
Größen, Farben und auch Normen.
Berghut, Modegag, Zylinder,
Strohhut, Sonnenhut, auch für Kinder.

Bei der High Society
fehlen ausgefallene Exemplare nie
doch auch der Ärmste auf der Straß'
schon oft bei seinem Hute saß.

Auch ich hab einen mir gekauft
schon vor vielen Jahren
denn scheint die Sonne auf das Haupt
birgt das viel Gefahren.

So nutze jeder seinen Hut
ganz wie er's will, denn das ist gut
ob Frau, ob Kinder oder Mann –
hab Mut zum Hut, wer's tragen kann.
(oder auch nicht)

Die Musik

Wenn a Musi spielt, des sag i dir
got´s Herz glei ganz weit auf in mir
vergessa send schnell alle Sorga
i denk o nimmer, was isch morga
i frei me einfach an dr Musi
egal ob mit odr ohne Gschpusi
Musik erfreit a jedes Herz
egal ob du grad tragsch an Schmerz
oder ob grad glücklich bisch
wia im Wasser drin a Fisch
weil der o net an Morga denkt
obr do am Angelhoka henkt,
weil Musik so herrlich isch
macht's uns munter, froh und frisch.

Die Krawatte

Mancher Mann hat ein Problem
Krawatte, du bist unbequem –
doch sollte ich dich tragen
an bestimmten Tagen.

Feierlich am Tag der Hochzeit
schwarz zum traurigen Geleit
zu manchem anderen Anlass auch
ist Krawatte tragen Brauch.

Krawatte binden ein Problem
zu lang, zu kurz, zu schief, nicht schön –
wie kann man denn an allen Tagen
um den Hals das Teil nur tragen.

Doch der Wunsch bei manchen Jobs
um den Hals gleich unterm Kopf
hat korrekt das Ding zu sitzen
das soll wohl dem Ansehen nützen.

Auch die Mode dann und wann
ihren Teil beitragen kann,
dann findet 's so mancher chic
lenkt staunend so auf sich den Blick.

Die einen mögen diese Mode
Krawatte ist für sie Methode,
dass ein Blick sie staunend trifft,
trotzdem mögen's andere nicht.

So gibt es auch allerhand
Krawattenmuffel hierzuland,
Krawatte du bist ein Problem –
für mich ganz einfach unbequem.

Engagierte Bürger

Engagierte Bürger Oberndorf – Eggelstetten – Flein
nennt sich der neu entstandene Verein.
Dreiundzwanzig Gründungsmitglieder
schreiben dazu ihre Namen nieder.

Das Dorfleben lebenswert zu erhalten
und so manches mitgestalten –
haben sie sich zur Aufgabe gemacht,
das ist wirklich toll gedacht.

Konkrete Ideen gibt es da schon
ein Bürgerstammtisch ist eine davon.
Hier kann jeder einbringen, was ihn bewegt
und die Dörfer neu belebt.

Der Name des Vereins ist das Programm,
denn leichter geht es stets gemeinsam.
Jeder der will, bringt Ideen ein,
sie umzusetzen, versucht der Verein.

Das heißt, wenn sich viele engagieren,
die Orte nicht ganz den Charakter verlieren.
Denn wenn viele fürs Gemeinwohl Einsatz bringen,
dann wird dieses Projekt gelingen.

OGV

Der „OGV" ruft wieder auf
zum längst bewährten Pflanzentausch
egal ob Mitglied oder nicht
jeder hier willkommen ist.

Wer Pflanzen übrig hat, bietet an –
ein anderer sie brauchen kann.
Es ist ein „Nehmen" und ein „Geben"
ohne die geringste Verpflichtung eben.

Den Kaffeetisch auch zu besuchen
mit selbstgebackenen Torten und Kuchen
ist herzlich jeder eingeladen
gegen kleine Spendengaben,
die zugutekommen dem Verein
„Geber" und „Nehmer" dürfen zufrieden sein.

Ein herzlicher Dank den Kuchenbäckern,
den Kaffeemachern, den Geschirrabwäschern,
kurzum allen, die einbringen ihre Zeit
und die zum Mithelfen sind bereit.

Mir Deitsche (Melodie: Auf dr schwäbscha Eisebahna)

Bei uns Deitsche isst ma geara
net bloß Gmias, Salat und Keara,
do mag ma halt o a Fleisch
oder Wurscht, des isch ja gleich.

So a Fleisch, des ka ma grilla,
brota, reichra oder fülla,
zu Schpätzla, Nudla und Salat
immer isch des delikat.

So a Fleisch, des schtillt da Hunger
und schmeckt prima auf dr Zunga
und bisch in ra groaßa Not
schmeckt Fleisch und Wurscht o ohne Brot.

Gibt ma dir mol an guata Rat:
„Iss mehr Gemüse und Salat!"
Dann sag: „I machs in der Tat –
i mach aus dr Wurscht Salat."

Und weils a Faschtenzeit o gibt
do hoißt des schtrenger Fleischverzicht
doch em Schwob, deam hot des gschtunka
drom hot er was neis erfunda.

Denn weil em Schwob des Fleisch so schmeckt
hot er´s im Nudeldoig verschteckt.
Drom hoißn seine „Maultäschla"
heit no „Herrgottsbscheißerla".

Sonnenaufgang

Morgens geht die Sonne auf
beginnt im Osten ihren Lauf
zieht bis zum Mittag ihre Bahn
und kommt dann hoch im Süden an.

Wenn abends sie im Westen sinkt
der Tag dann bei uns Abschied nimmt
doch auf der anderen Erdseit' dann
fängt mit der Sonn der Tag neu an
weil sich alles weiterdreht
solange sie am Himmel steht.

Der Hobbygärtner

Der Hobbygärtner pflanzt im Garten
die leckersten Gemüsearten,
er hackt und gießt und freut sich sehr,
wenn´s täglich wächst ein Stückchen mehr.

In einem Beet Kohlrabi stehen,
man kann die schönen Knollen sehen;
im nächsten Beet die Stangenbohnen
daneben auch die Zwiebeln wohnen.

Karotten, Sellerie und drüben
im nächsten Beet die Roten Rüben,
auch Rettiche und Blumenkohl
fühlen sich hier sichtlich wohl.

Doch zwischen vielem Kohl und Lauch
wächst so manches Unkraut auch.
Und wenn der Blumenkohl recht schön
macht sich´s der Kohlweißling bequem.

Er wünscht sich für seinen Nachwuchs zu sorgen
und so entwickeln sich die Eier verborgen
zu gefräßigen, grünen Raupen überall
und das gefällt dem Gärtner auf keinen Fall.

Doch nicht nur Raupen wollen leben,
auch anderen Tierlein gefällt´s hier eben;
wie freuen die Schnecken sich auf den Salat
und die Würmlein, wenn die Rettiche stehen parat.

Was lernen wir daraus, ich sag es ehrlich
einen Garten zu haben, ist einfach herrlich.
Auch wenn es manchmal ärgerlich ist,
wenn den Salat man erst pflanzt und die Schnecke ihn
frisst.

Doch bei solch kleinen Dingen, Mensch bleibe gelassen,
Gott hat uns schließlich alle geschaffen –
zu leben auf dieser schönen Welt
wo es eben Menschen und Tieren gefällt.

Blümlein

Ein Blümlein dort am Wegrand steht
und mancher, der vorübergeht
freut sich an seiner Schönheit
und am bunten Blütenkleid.

Gedanken eines Pilzes

Ein Pilz am Waldrand stand allein
denkt: Warum muss ich einsam sein?
Bis ein Wanderer des Weges kam
und ihn mit in sein Körbchen nahm.

Doch als er mit vielen andern
musste in der heißen Pfanne landen,
dachte er, ach wär ich doch
allein am Waldesrande noch.

Und die Moral von der Geschichte
und diesem winzigen Gedichte –
egal ob mit vielen oder allein
am besten, man kann zufrieden sein.

Danke für die Gartenschau

In Rain am Lech war Gartenschau
da blühten Blumen rot und blau,
gelb, weiß, rosa, lila, bunt –
in Beeten eckig, lang und rund.
Die Blütenpracht war wunderschön,
einfach herrlich anzusehn.

Auf der Bühne dort beim Schloss,
war viel Sehenswertes los.
Gesang, Musik, so mancher Chor
war Erholung für das Ohr.
Auch an die Kleinen war gedacht.
Es war wirklich alles schön gemacht.

Auch der prima gestaltete Naturlehrgarten
mit heimischen Tier- und Pflanzenarten
zeigte nicht nur Kindern was unsere Natur
alles bietet in Wald und Flur.
Auch mancher, der schon in reiferen Jahren
konnte hier noch allerlei Interessantes erfahren.

Der Blumenkorso war eine Pracht,
weil einzigartig er gemacht.
Ich sage einfach herzlichen Glückwunsch
allen Floristen für diese Kunst.
Und was sonst noch war geboten –
die Veranstalter sind ehrlich zu loben.

Nun, so schreib ich diese Zeilen heut,
denn wir haben es nicht bereut,
dass wir eine Dauerkarte besessen.
So manche Stunde bleibt unvergessen,
die wir in der Gartenschau erlebten –
es grüßt Familie Hörr aus Eggelstetten.

Arbeitsbeschaffung

Der Mensch baut freudig sich ein Haus
Gibt's als große Leistung aus,
bearbeitet die Erde und sät Gras,
macht es immer fleißig nass.

Wartet dann gespannt auf das erste Grün
und damit wartet die Arbeit auf ihn,
die er sich immer selber beschafft,
auch wenn es ständig bedarf der Kraft.
Er mäht das gewachsene Gras wie ein Genie
damit es wieder wachsen kann – welche Ironie.

Zwischendurch wird es wieder gedüngt,
dass es schöner wächst
und gleich schon wird wieder das Messer gewetzt
und so geht es weiter, das Mähen geht an,
dass das Gras wieder wachsen kann.

Regentropfen

Am Himmel send dia Regawolka
von West nach Osta dribrzoga
ond Tropfa send auf d´Erde gfalla
hond nass gmacht do dia Leidla alla
dia wo draußa gloffa sen
un koin Schirm drbeit ghet hon.
Des hot dia abr gar net gfreit,
weils nass gwest sen dia arme Leid.
Doch umso mehr hots gfreit dia Pflanza
wenn von oba d' Tropfa tanza.
Denn des isch guat, sie brauchans Nass
do hont dia erscht so richtig Schpass,
so dass glei wachsan und gedeihn
und do sich dann o d´Leid mea gfrein.

Am Wegesrand

Am Wegesrand ein Blümlein blüht
und mancher, der vorübergeht
freut sich an seiner Schönheit.
Doch viele eilen nur vorbei
und denken an so mancherlei
haben zum Schauen keine Zeit.

Dabei ist die Natur so schön,
es gibt gar vieles anzuseh'n
und neu stets zu entdecken.
Ein Wunder Erd' und Himmel sind,
darüber freut sich schon ein Kind,
wenn wir die Neugier wecken.

Schport

Schportla, ja des isch heit „In"
dr groaße Trend isch „Nordic walking"
mit zwoi Schtecka ohne Schi
marschiersch do durchs Gelände hie.

Dann weard amol a Pause gmacht
zum dehna Ärm und Boi,
isch dann a scheana Runde gmacht
dann got ma wieder hoim.

Der Lebenslauf

Eine Nordseewelle küsste
den Sandstrand an der Nordseeküste,
ein kleines Käferlein jedoch,
das zwischen Steinchen sich verkroch
ward aus dem Versteck geschüttelt
und rausgerissen unvermittelt –
hat eine große Angst gefühlt,
die Welle hat es fortgespült.

Es schwamm in die Nordsee weit hinaus
und leider war sein Leben aus.
Es diente da auf letzter Reise
einem Fisch noch schnell als Speise.

Das Fischlein schwamm da noch ein Stück,
doch war nur kurz sein sattes Glück.
Denn ein Fischer fischt das Fischlein,
bereitet's zu und dünstet's fein,
für den Familientisch zu Haus,
schon war sein friedlich Leben aus.

Die Moral von der Geschicht –
glaub es oder glaub es nicht:
So ist es allen doch bestimmt,
dass jedes Leben ein Ende nimmt,
das eine früh, das andere später,
durch Alter, Unglück oder Jäger.

Der Gang zum Zahnarzt

I mach grad Brotzeit und i denk,
was isch denn in der Wurscht do drin
glei guck i des genauer a
des isch a Schtück ja von meim Zah.
Dann denk i mir a bissle bang
do ruaf i halt beim Zahnarzt an.

Do kriag i dann bald an Termin
und wia i in deam Zimmer bin
setz i mi auf dean Sessel glei
sonscht wearan d Knia zletscht doch no woich.

Scha kommt dr Doktor und frogt recht schea:
„Na, wo duats denn heit mea weah?"
I mach eahm auf und zoigs eahm glei
und denk: Hoffentlich ischs schnell vrbei.

Er guckt und sagt, des ham mir bald
wenn's weah duat, sagans mir des halt,
als ob i do no reda kennt
mit deane viele Inschtrument
wo er do am Gebiss romschafft,
i verloß mi auf mei Nervakraft.
Doch manchmol kriag i o a Schpritz,
dass alles gar net schmerzhaft isch.

Wenn ma halt do wenigschtens
d Zäh no zammabeißa könnt,
doch beim Zahnarzt got des net
mei, i sag's eich, desch a Gfrett.

Dann isch er fertig, i hab gnua
hoffentlich isch jetz a Ruah;
i schtand auf, des isch a Freid
des Gebiss isch fascht wia nei.
Er sagt: „Scha fertig semmer heit."
Für mi wars fascht a Ewigkeit.

Das Land Nirgendwo (Das Paradies)

In dem Lande „Nirgendwo"
leben die Menschen einfach so
sie singen und tanzen und drehn sich im Nu
sie scherzen und lachen und sind lustig dazu
sie freuen sich ganz einfach so
so lebt es sich im Lande „Nirgendwo".

Sie heben die Flaschen und füllen das Glas
genießen den Wein und das Bier aus dem Fass
sie heben die Gläser und prosten sich zu
und trinken sie aus und freun sich dazu
sind ausgelassen ganz einfach so
so leben sie im Lande „Nirgendwo".

In dem Lande „Nirgendwo"
leben die Tiere einfach so
sie springen und hüpfen in Feld und in Wald
es ist ihnen nie zu heiß oder kalt
sie leben in Freiheit einfach so
in dem Lande „Nirgendwo".

Sie fressen alles, was ihnen schmeckt
jedes für sich ein Plätzchen entdeckt
sie mögen sich leiden, ob groß oder klein
so schön kann's nur im Land „Nirgendwo" sein.

Da leben also der Mensch und das Tier
zusammen in Frieden mit guter Manier
ein schöner Platz in einer Welt
ganz ohne Neid und Streit und ohne Geld.
Man lebt ganz glücklich einfach so
in dem Lande „Nirgendwo".

Der Einkauf

Wenn ich im Supermarkt mal bin
und seh so auf die Menschen hin,
das ist ein Rennen und ein Laufen
jeder muss noch schnell was kaufen.
Es ist, als wär der letzte Tag,
an dem man noch was haben mag.

Überall vor den Regalen,
auch an der Kasse beim Bezahlen,
Kinder sind sehr gern beleidigt,
wenn der Wunsch sich nicht erfüllt –
doch Erwachsene haben´s eilig,
oft ist der Geldbeutel leer, ehe der Wagen befüllt.

Zum Zungenbrechen

Fünf Finnen finden in Rinnen einen Finnen
mit fünf spinnenden Spinnen.

Grabende Schwaben haben in Schwaben
einen Graben gegraben.

Feiernde Bayern feiern in Bayern reißende Feiern.

Auf der Brücke sieht die Mücke eine Lücke.
Denkt die Mücke, welche Tücke,
eine Lücke auf der Brücke.

Ein Jäger auf der Jagd macht gern auf Jagdwild Jagd,
er jagt mit seinem Jagdgewehr dem Jagdwild hinterher.

Leise, leise, reist die weise Meise zu der Speise,
die sie leise dann verspeiset.

Bei der Straße im Grase sitzt ein Hase
und putzt seine Nase vom Staub der Straße.

Frisch ist der Fisch, den der Fischer frisch gefischt.

Wenn Spinnen spinnen,
spinnen spinnende Spinnen Spinnennetze.

Raubende Raupen rauben Trauben an den Lauben.

Ein kurzes Portrait zur Autorin
Gertrud Hörr

Gertrud Hörr wurde 1954 in Heissesheim als siebtes von acht Kindern geboren. Sie besuchte die Volksschule in Heissesheim, in Mertingen und die 9. Klasse in Asbach-Bäumenheim.

Während der anschließenden Bürotätigkeit besuchte sie zwei Jahre die Abendschule der BAS und anschließend ein Jahr in Vollzeit. Nach Abschluss mit Fachschulreife arbeitete sie in selbstständiger Verantwortung in einem Betrieb als alleinige Bürokraft. Sie war 41 Jahre verheiratet, seit 2017 verwitwet und hat zwei Söhne.

Über zehn Jahre begleitete sie im Ehrenamt pflegebedürftige und demenzkranke Senioren, um den Angehörigen ein paar freie Stunden zu ermöglichen. Das Schreiben ist schon viele Jahre ein Hobby.

Weitere Bücher der Autorin:

 **Gedanken für die Seele:**

ISBN: 9783754309100

 **Kindheit auf dem Bauernhof:**

ISBN: 9783754309094

 **Kleine Geschichten und Märchen:**

ISBN: 9783754309087